Am frischen Wasser

Gedichte zur Erbauung der Seele

Über den Herausgeber

Dr.-Ing. Dipl.-Ing. Eur Ing. CEng.
Dr. Theol. Davies Mwila Mulenga

Dr. Davies M. Mulenga ist ein sambischer
Geistlicher und Pastor der Break Forth
International Church Gemeinde in
Deutschland, Sambia und Großbritannien.
Diese Gemeinde ist
als evangelisch-pfingstliche Freikirche Teil
der weltweiten Pfingstbewegung, der
größten protestantischen Kirche weltweit.

Wissenschaftler, Geschäftsführer,
Bauingenieur, Autor und Bestseller-
Co-Autor, Dr. Mulenga ist ein brennender
und liebevoller Diener Gottes mit dem
Herzen, allen Menschen zu helfen, dass sie
errettet und geheilt werden und zur
Erkenntnis der Wahrheit kommen.

Dr. Davies Mulenga wurde 1967
als Sohn eines Schuldirektors und
einer Lehrerin in Sambia geboren und
hat in Deutschland studiert und
promoviert.

Bibliografische Information der Deutschen Nationalbibliothek:
Die Deutschen Nationalbibliothek verzeichnet diese
Publikation in der Deutschen Nationalbibliografie;
detaillierte Bibliografische Daten sind im Internet über
http://dnb.dnb.de abrufbar.

©2019 Dr. Davies Mulenga
Herstellung und Verlag:
BoD – Books on Demand, Norderstedt

ISBN: 9783750403673

Widmung

Am frischen Wasser
Gedichte zur Erbauung der Seele

Mit großer Dankbarkeit an den Dichter
Herrn Jochen Hamprecht,
der mir erlaubt hat, seine wunderbaren
Gedichte allen Menschen zur Verfügung
zu stellen, widme ich Ihnen,
lieber Leser, dieses Buch.
Ich glaube, Sie werden davon
sehr gesegnet und erfrischt.

Mit Liebe

Dr. Davies M. Mulenga

Vorwort des Dichters

Ich erblickte am 02·04·1963 in Berlin das Licht der Welt· Wohl von meiner Mutter Seite habe ich die Liebe zum gedichteten Wort mitbekommen und von meinem Vater die Liebe zur Natur, – das Verlangen nach Antworten hingegen entstammt vermutlich geheimeren Wurzeln···

Seit 1993 bin ich mit meiner Carmen verheiratet; wir haben beide gesucht und gefunden, und nun geht es um das Tun··· Es ist ein Unterschied, ob man Gott erkannt hat und sich bemüht, IHM zu folgen, oder ob man mit Paulus sagen kann: „jetzt lebe nicht mehr ich, sondern nur noch Christus!"···

Tief, ja unendlich tief sind Gott und Gottes Wort, und ich selbst habe ohne ein Verstehen nie glauben können. Daher mußte ich für mich erst bis in eine gewisse Verständnistiefe vordringen, um die grundlegenden Dinge des Glaubens auch im Herzen bejahen zu können. „Liebe durch Glauben" ist wahrlich der längere Weg, – umgekehrt ist es sicherer und leichter... Aber es ist nun, wie es ist.

Viele meiner Gedichte spiegeln daher mein Verständnis des WORTES, wobei ich oft Worte in einem heutzutage ungebräuchlichen Sinne oder auch, vereinzelt, ganz vergessene Wörter oder auch Eigenkreationen verwende. Aber auch bei Gedichten an Menschen oder den

von der Natur inspirierten
Kreationen bleibt doch immer ein
Bezug zu Jesus, - es geht nicht
anders···

Oft entstehen meine Gedichte
beim Wandern oder in anderen
Zeiten der Stille, meist wenn ich
zuvor durch Hören, Lesen oder auch
durch eine Unterhaltung dazu
angeregt werde· Hierbei fällt mir
dann entweder ein markanter Vers
in den Sinn oder ich ringe um diesen
ersten Ausdruck dessen, was ich
gerne in Worte fassen würde, aus
dem sich dann fast automatisch der
Rest „von Reim zu Reim"
entwickelt, mit z·T· auch für mich
durchaus überraschenden
Formulierungen und Aussagen···

Der Sammler

Sieh'´ hin, weit´ deine Flügel aus!
Der Sinn baut sich ein neues Haus···
Ob im Kristall oder im
Fleischeskeim,
allüberall ist eine Mitt´ daheim
und formt und wächst und will sich
füllen,
des ew´gen Wortes Hunger stillen···

Manchmal jedoch muß ein Gedicht
auch hart erarbeitet werden···
Nicht immer ist ein Vers genug,
und trotz aller mittlerweile
vorhandenen Technik und Routine
gilt: ohne Hilfe von oben ist „alles
ganz eitel"···

Daher ist stets der HERR zu loben,

der heimlich wirkt vom Himmel
droben!
Des Menschen allzu arme Kraft,
nicht mal ein Drittelreimchen
schafft···

Vom Viertelreim noch mehr zu
schweigen,
denn dafür muß das Herz sich
beugen
und immerfort um Hilfe fleh´n,
daß Eins und Sieben soll´n
erstehn···

Denn hoch und höher sind die Wege,
die niemand kennt, denn einzig ER,
und so bekenn´ ich meine Träge
und sag´ von Herzen
„Heilig, HERR!"

Mein besonderer Dank gilt
Dr. Mulenga. Sein Glaube (und sein
Tun) haben in kürzester Zeit
dieses Buch verwirklicht:

Ich danke auch dem Gotteskrieger,
der möglich macht, daß diese Lieder
nun weiter als zuvor erklingen
und unser´m Gotte Lobpreis singen!

Denn wen´ge nur die Hand anlegen
und mühevoll den Weinberg fegen,
wie dieser allertreuste Knecht,
der seine Pfunde waltet recht...

Mehr kann und darf ich hier nicht
sagen,
daher, wer will noch weit´res fragen,
muß richten es an DEN, der lenkt
und dann SEIN Wort ins Herze senkt!

Jochen Hamprecht

Anmerkungen

Ein paar Anmerkungen noch:
Ich verwende in meinen Gedichten
auch des öfteren die
Kursivschreibweise· Nicht jedem
behagt sie, manchen ist sie eine
Hilfe··· Und als Hilfe sehe ich sie
auch, bzw· benutze ich sie an
Stellen, wo es mir *sehr* auf die
Betonung ankommt (sowohl die
gesprochene als auch die des
Sinnes), daher habe ich sie
weiterhin belassen-
Beim Nutzen von Großschrift beim
GÖTTLICHEN ist es ähnlich·
Ich empfände es als falsch, sie
nicht zu verwenden· Eine besondere
Betonung beim Lesen ist hier aber
nicht gemeint·

Und zum Schluß: die „2" bei „Alte Freunde" (und bei „Nur Liebe!") kommt daher, daß es eben bereits die zweiten meiner Gedichte mit diesem Titel sind···

Die Gedichte:

Ein Wunschgedicht 16

ICH bin der Weg... 17

Atem Gottes 17

Die Übergabe 18

Vom klugen Bauherrn... 19

Abendrauschen 20

Oh, LIEBE! 21

Vater 21

ICH BIN! 22

Am Schleier 23

Halt still! 24

Das Säuseln des Windes 25

Am Brunnen 26

Alte Freunde (2) 28

Abendstimmung 29

Das WORT 30

Abba! 31

Allein mit Gott 32

Baumliebe 33

14

Stille   34

Die Frage des HERRN   35

Das Sonnenweib   36

Von gleichem Grund…   37

Über das Gericht…   38

DER zur Nacht kommt…   39

Godspede   40

Das Gesetz der Schwere   40

Der Thron   41

Der Spiegel Gottes   42

Nur Liebe! (2)   42

Mit Gottes Augen…   43

Gipfelruhe   44

HERR, wohin sonst…   45

Ein Wunschgedicht...

„Der Reim ist *sicherlich* vonnöten
und Geist, die Rinde abzutöten!"
(Denn, gilt´s dem HERRn und SEINEM
Reich,
muß *schmackhaft* sein das „Wort
im Fleisch"!)

„Auch „griechisch" unserm
Griechenfreund,
der Undurchdachtem gram und feind -
„gesetzlich", nach der Juden Sitte,
ich ebenfalls mir sehr erbitte!
Und an der *Gnad´* darf´s *niemals*
fehlen,
sonst wird's gar wen´ge Hörer zählen!"

„Ach, HERR, DU bist, so viel ich weiß,
die *Fülle* und wohl wert den Preis,
doch *ohne* DICH kann ich nicht
machen
zu teilen *Alles,* Weinen, Lachen...

So zeig´ DICH einfach, wie DU *bist,*
und es wird *recht,* HERR, Jesu Christ!"

ICH bin der Weg... (Joh.14,6)

ICH bin der Weg, die Wahrheit und das
Leben,
und wenn du folgst, werd´ ICH dir
geben
mehr, als dein Herz es ahnen kann,
denn ICH bin ein *reicher* Mann,
ein Vater, der sein Kind beschenkt
und alles nach der *Liebe* lenkt!

Atem Gottes

Ein und aus, und aus und ein -
jedwede Seele, noch so fein,
soll den Großen Atem spüren
und als ein Kleinbild *weiter* führen...

17

Die Übergabe

Laß endlich los,
was dir zu groß,
ICH hüte deine Schritte -
du weißt, ICH BIN
von Anbeginn
und allen Lebens Mitte!

Die ganze Last,
so viel du hast,
kommt von der ird´schen Schwere -
so gib sie MIR,
nimm´s Joch dafür,
vertrau dem HERRn der Heere!

An MEINER Seit´
wird's Herze weit,
und *mehr* noch will ich tragen,
wenn nur das Kind
sich an MICH bind´t
und *hört,* was ICH will sagen!

Vom klugen Bauherrn...

„Ich will mein *Leben* darauf setzen
und weder Last noch Mühe scheu´n,
denn über allen weltlich´ Schätzen
ist *Jesu* Wort und Tat zu seh´n!

Hab´ eifrig nach dem Grund geforschet
und nach dem Lichte, ja, fürwahr,
doch erst seit ich dem HERRn
gehorchet,
erscheint die Nacht mir hell und klar!

Daher, was ich zusamm´geraufet,
ließ alles für den Acker geh´n,
und hab´ die Perle mir erkaufet,
die leucht´t so *über*irdisch schön!"

Das *Wasser* mag den Sand nicht
binden -
nur *Feuer* wirkt die nöt´ge Schmelz´,
daß kein Gestürm´ kann überwinden,
was ist gebaut auf diesen Fels!

Abendrauschen

Langsam *verebbt* des Tag´s
Gescheh´n -
erstickte Luft und enger
Raum -
und alles angespannte Dreh´n
weht nun der Wind zu einem Traum...

Hier, im Wald, ist alles stille,
ist *fern* der Puls von Stadt und Welt,
und offen zeigt sich, HERR,
DEIN Wille -
wie *lieblich* doch hast DU's bestellt!

OH LIEBE!

(ein Ostergedicht)

Oh, LIEBE, warum blutest DU?!
Das Herz möcht´ mir zerspringen!
Trotz aller Macht läßt DU es zu,
daß wir den Tod DIR bringen...

Oh, LIEBE, *DU* nur kannst besteh´n,
willst DICH dem Feinde *lassen*
und mit dem EIG´NEN Aufersteh´n
auch *ihn* ins LEBEN fassen!

Vater

Vater bist DU uns geworden...
Einst wohntest DU im hohen Norden,
doch, als der *LIEBE* Zug vernommen,
bist DU uns *nah, ganz* nah,
gekommen!

ICH BIN

ICH BIN dein Gott, dein starker Fels
und mach´ die Wässer fließen -
ob Wüste, Ödland oder Spelz´,
nichts mag sich MIR verschließen!

ICH führe dich durch´s tote Land,
um dir MEIN Reich zu schenken -
so folge still dem Joch und Band,
das dich will sicher lenken!

ICH BIN das WORT, der gute Hirt´,
der VATER und der SOHN,
und schuf die Welt, daß alles wird
sich *sammeln* vor dem Thron!

Am Schleier
(auf der „Hohen Waid")

Manchmal darfst du schon auf Erden
die Freiheit spür´n, ganz ohn´
Beschwerden -
dir wird gewiß die Heiligkeit,
noch insgeheim, doch nicht zu weit,
daß *un*erreicht sie bleiben muß,
„ein *Traum*bild nur, ein Feenkuß..."

Doch, wer weiß, auch Träume werden
wahr,
nicht *alle*zeit, doch immerdar
sie zeugen und sie geben Kund´,
denn nichts erscheinet *ohne* Grund!

Halt still!

Ein Kreuzlein, nur aus *LIEBE,*
zu dämpfen arge Triebe
hab´ ICH dir wohl belassen,
auch wenn´s nicht recht will passen...

Doch denke, daß in Nöten
der Mensch wird leichter beten
und *sicherer* mich finden,
anstatt berauscht zu blinden!

Und wirst du´s liebend dulden
und nicht MICH klagend schulden,
will weiter ICH dich heben,
daß du in *MIR* sollst leben!

Das Säuseln des Windes

Oh, könnte doch die Brust mehr
fassen,
sög´ ich von DEINER Liebe ein,
daß nicht ein Tröpflein ich müßt´
lassen,
nur weil dafür das Herz zu klein!

Noch eben spürt´ ich dieses Ziehen
und wollte ganz zu DIR eingeh´n,
doch schon verlischt das Geisterglühen
und läßt mich *vor* der TÜRe steh´n...

Zu schnell, - noch bin ich hartgefangen
und *träume* nur von LIEBE hin,
daß DU in mir stillst alles Bangen
und einzig *DIR* gehört mein Sinn...

Am Brunnen (1.Mo. 29,2)

Verschlossen ist der Brunnen Gottes,
wenn noch dein Herz nach unten zielt
und nur als schwacher Knecht des
Feindes
im Schlamm der Welt nach Nahrung
wühlt...

Ein Stein, des Wortes schwere Hülle,
wehrt all des Feindes dreistem Bohr´n,
denn ohn´ des Geistes Liebefülle
ist all sein Fleiß und Müh´n verlor´n!

Die leere Larve nur als Beute
im Tod dem Tod zum Leben dient,
und so der Herr doch alle Leute
mit rechtem Maß erhält und zieht...

Des einen Tod, des ander´n Leben -
ganz wie das Herz gestaltet ist,
erfüllt dir Gott dein eigen Streben
und bleibt in SICH doch stets der
CHRIST,

der alles zählt und weiß und lenket,
dem tausend Jahre wie ein Tag -
uns Menschen vieles ewig dünket,
was für SEIN Herz nur ist ein Schlag!

Mit IHM als Schlüssel wirst du finden
das *Gottes*reich, des Wortes *Kern* -
der Geist des HERRn wird´s dir
entbinden
und leuchten als der Morgenstern!

Alte Freunde (2)

Fern der Heimat das Verlangen
als Sehnsucht darbt nach Trost und
Schutz
und sättigt sich mit Weltendingen,
die nur *erscheinen* voller Nutz´...

Nur ein *Moment* wird dir zu *stillen*,
ein *Hauch* des Friedens, der gesucht,
doch schon bald plagt neu den Willen
die Leere, die den EINEN ruft,

DER dich erschaffen, dir gab Leben
und Licht und Freiheit wunderbar
und einzig nur vermag zu geben,
was *ewig* stillt die Mängelschar!

Solang´ du *nicht* IHN hast gefunden
im Geiste, daß du neugebor´n,
nicht auch in den *dunk´len* Stunden
magst *singen*, da ER dich erkor´n,

bist du nicht *frei* von alten Lasten
und deine Flügel warten noch...
So heißt es weiter beten, fasten,
bis auch *du* trägst *leicht* sein Joch...

Abendstimmung

Stillsanft fließt nun das Licht der
Sonne,
friedvoll der Atem Weite zieht,
nur plätschert sacht´ der Bach voll
Wonne,
die Grille zirpt, das Gras sich wiegt
im leichten Wehen, luft´gen Bronne,
der abendkühl das Herz umschmiegt!

Gold und Silber, kräftig´ Grünen,
des Himmels Blau und Widerschein
strahlend mir das Bild verschönen…
Hab´ Dank, o HERR, daß ich mag sein
und alles dies darf einfach nehmen,
umsonst, aus purer Gnad´ allein!

Das WORT

Das WORT SICH spricht zu allen Zeiten
aus Gottes Munde hell und klar,
um treu und fest die Welt zu leiten,
in Kraft des ZEUGEN – gut und wahr.
(1.Joh.5,6)

Ob in der Schrift, als GOTTESSOHN,
in Mensch oder Natur,
hörst du des *EINEN* Geistes Ton,
folgst stets der*selben* Spur!

Auch magst IHN schauen, fühlen,
schmecken,
als LIEBE, KRAFT und LICHT -
kein´n *ander´n* Gott wirst je
entdecken!

Siehst im SOHN den VATER nicht?!

Das WORT ist *volles* Licht und Leben,
erfüllt, erquickt, besiegt den Tod...
So laß es ganz und frei dir geben:
„MEIN liebes Kind, *ICH BIN* dein Gott!"

Abba!

Kennst du den VATER *wirklich* schon,
so wie der verlor´ne Sohn,
den wider alles rechte Denken
der Vater ließ erneut beschenken?!

Mit letzter Kraft und ganz zerrissen,
kehrt´ er um, die Schuld zu büssen
und fortan nur noch *Knecht* zu sein,
der täglich sich um´s Brot muß
müh´n...

Doch als er fiel dem *HERRn* zu Füßen,
bereit für das, was kommen mag,
der *VATER* fing ihn an zu küssen
und hob ihn auf in *neuer* Gnad´:

„Mein Sohn, wie lange warst du tot,
verloren,
hast *nicht* gewußt, was Liebe ist!
Komm her zu MIR, DER dich geboren:

Immanuel, Abba, Jesu Christ!"

Allein mit Gott

„Ich lasse DICH nicht, DU segnest mich
denn!", (1.Mo.32,27)
denn *DU* nur magst das Leben
spenden.
In dieser Nacht ich laut bekenn:
„Jehova hilf, sonst muß ich enden,
denn morgen werd´ den Feind ich
seh´n
und *ohne* Schutz verloren geh´n!"

Wie schwer hat Jakob einst gerungen
und diese Gnade sich bedungen,
als erster Vater Israel,
dem Stamm und Haus Immanuel?!

Doch heut´ reicht einfach kindlich
bitten
und trauend auf den Vater schau´n...
Wie leicht ist doch das Herz
ausschütten
und *and´rer* Stärke fest vertrau´n,
weil laut das Herz es dir verkündet,
daß Christi Blut dich hat entsündet!

Baumliebe

Die Liebenden gar eng umschlungen
umwiegen sich im Wind vereint,
dem gleichen Grunde einst
entsprungen
zieht´s sie *empor,* lichtvoll bereint!

Es heißt, *ein* Fleisch sei nur gewesen,
bis es im Schlafe ward geteilt,
daher der Mensch soll niemals lösen,
was Gottes LIEBE hat geheilt!

Stille

Wie ein Wasser friedlich, still
nur spiegelt rein die Sonne hell,
kann auch die Seel´ nur wiedergeben
des Geistes Bild, wird sie sich legen
und sammeln in der Sabbathruh´,
da sie horcht ihrem Gotte zu...

Wo nicht, wird sie im Eigenwillen
bloß mit dem Lichte selbstisch spielen
und *niemals* zeigen voller Pracht,
was Gottes Sinn ihr zugedacht...

Die Frage des HERRn
(Matth.16,13+15)

Wer bin ICH für die Leut?!
Was sagt ihr, daß ICH sei?!
So kommt und trennet heut´
den Weizen von der Spreu!

Johannes, ein Prophet,
Befreier von der Fron?!
Mit *Augen* ihr bloß seht
des *Zimmermannes* Sohn...

Ja, *Christus* wahrlich bin
ich, wie der Geist gesagt,
im allertiefsten Sinn,
und *selig,* der es wagt

dies laut und klar zu nennen
vor sich und vor der Welt,
denn bald soll er MICH kennen
vom *Gottes*licht erhellt!

Das Sonnenweib

(Offb.12,1.2.5)

Hochschwanger ist das Weib
und schreit in seiner Not,
denn nun durchbricht den Leib
der *Bändiger* vom Tod...

Und auch, wenn es geziert
mit zwölfgestirnter Kron´,
nicht *leichtlich* sie gebiert
der Gottesliebe Sohn...

Den Mond es unterjocht
und sonnengleich sein Kleid,
da es im Kampf vermocht´
zu wahr´n die Herrlichkeit...

Denn nicht umsonst sie litt,
weil, was sie hat gebor´n,
nun alle Schuld *zertritt*
und ist von Gott *erkor´n!*

Von gleichem Grund...

Wie mag Zorn auch Liebe sein
und *himmel*gleich die Hölle?
Das *Maß* bestimmt es ganz allein
wie auch der arge *Wille!*

Gott will stets das *Gute* nur
und wird aus *Liebe* richten,
und alles, das folgt SEINER Spur,
spürt SEINEN Zorn mitnichten!

Das Wirken SEINER Liebe*macht*
dem Sünder scheint unang´bracht
in seinem sündhaft´ Streben,
doch *ohne* Gottes starke Hand
bald *endete* des Seins Verband,
dürft´ *un*geschränkt *es* leben...

Über das Gericht...

(Joh.3,19-21;12,47f; Mk.4,20)

Es scheidet sich von ganz allein,
wer lieber will im Dunkel sein
und wem es nicht will recht behagen
geduldig still das Kreuz zu tragen!

Doch ganz egal welch´art die Gründe,
vergeudet sind somit die Pfründe,
die Möglichkeit allhier auf Erden
des EINEN Gottes Kind zu werden -

denn nur wer sich dem *LICHT*
zuwendet
auch sicherlich beim *LEBEN* endet...

(Joh.5,24)

DER zur Nacht kommt...

ICH komme nie am Tage,
nur allezeit zur Nacht...
Warum?! ist nun die Frage,
die du in dir gemacht!

Mit *Öl* mußt du mich finden,
daß es dir nicht gebricht,
die Lampe wohl zu zünden -
sonst kehr´ ICH ein mitnicht´,

denn soll der Bräut´gam wohnen
im Herzenskämmerlein,
muß SEINE Lieb´ dort thronen
mit ihrem sanften Schein!

Godspede

Manchmal ist´s ein *dorn ´ger* Weg,
schmeckt *bitterer* das Brot,
doch auch dies stets trauend leg´
vor Jesus in der Not!

Er wird dem Vater danken
(Mk.14,22)
und bricht´s und teilet´s neu,
daß dein Herz wird nicht wanken
und Frieden in dir sei...

Das Gesetz der Schwere

Man sagt, daß es geht leichter runter,
als sich zu quälen hügelan,
doch wenn des Menschen *Geist* wird
munter,
fängt er sobald zu *fliegen* an!

Der Thron

Der Thron war *leer* zu jener Zeit,
da ER als Mensch gebor´n
und führt´ ein Fleisch zur Herrlichkeit,
die eher war verlor´n...

Doch aller Himmel Engelschar
schaut´ auf das Erdenrund,
wo das geschah, was niemals war:
der neue Liebebund!

Der HERR kam SELBST und nahm die
Schuld,
er*füll*te das Gebot
und öffnete der Gnad´ und Huld
den Weg in uns´re Not...

(nach Joh.1,17)

Der Spiegel Gottes

Im Spiegel wirst nicht immer schauen,
was fröhlich hilft dein Herz erbauen,
doch *sicher*lich zu Gottes Gründen
ein *Licht,* das dir den Weg hellt, finden!

Nur Liebe! (2)

Nicht Kugel, Feuer, noch das Schwert
mocht´ diesen Feind bezwingen,
ein *Lamm* mußt´ sanft und schuldlos
wert
sich selbst zum Opfer bringen...

Ein Tropfen nur von jenem Blut,
das leert´ den Kelch, den bitter´n,
tingiert den Tod mit heil´ger Glut
und macht die Hölle zittern!

Mit Gottes Augen...

Gott hat sehr geheime Wege,
den Mensch zu locken aus der Träge -
so hüte dich vor Scheinbarkeit,
weil oft der HERR sie hat bereit´t
zu *lösen* die verkehrten Dinge
auf daß der Geist zur Kindschaft
dringe...

Denn wer in der Not ruft zu dem
HERRn,
ist auch der *Rettung* nicht mehr fern,
und *un*rein niemand darf erhoffen,
es bis ins Heiligtum zu schaffen...

Und daher muß erst alles *raus,*
was nicht gehört ins Vaterhaus,
damit die LIEB´ mit ihrem Walten
kann alles *himmlisch* umgestalten!

Und so laß erst den *Geist* erwägen,
ob *Liebe* sich statt *Zorn* soll regen,
denn, was auch unrein *uns´ren* Augen,
der *MEISTER*hand mag bestens
taugen...

Gipfelruhe

In Einsamkeit auf Gipfelhöhen
kann meine Seele weiter sehen,
weil alle Tiefe kommt zur Ruh´
und sie sich wend´t dem VATER zu...

So kommt´s, daß in den stillen
Stunden
ich *mehr* als in der Welt gefunden -
doch heißt DU, diesen Schatz
zu *künden,*
wo immer herrscht die Kraft
der Sünden,

und daher bin ich nie geblieben
und zog hinab zum Kampf,
- im *Frieden!*

HERR, wohin sonst...

(nach dem Lied „Wohin sonst" und Joh. 6,68)

„HERR, wohin sonst sollten wir
gehen?!"
Ja, wohin sonst, es *gibt* kein Leben
außer DIR!?
Wer *ein*mal spürt´ dies heilig Wehen,
mag nichts mehr schmecken für
und für...

Denn DU allein machst, daß meine
Seele brennt -
DICH allein ja mein ganzes Wesen
nennt!
Oh, DU bist *gut,* wie könnt´ mein Herz
DICH fassen?!
So mach es *weit,* will nie mehr von
DIR lassen!

Unser Partner

Break Forth Internationale Gemeinde

Break Forth International Church
Davies M. Mulenga Ministries e.V.
Webseite: http://breakforthinternational.org/

Christliches Centrum Schwetzingen
Webseite: https://www.ccs-schwetzingen.de/

News Break Forth International
Webseite:

http://news.breakforthinternational.org/

Vielen Dank

auch an die anderen, die mit ihren Anregungen und Ermutigungen zur Entstehung dieses Buches beigetragen haben.
Insbesondere wäre hierbei noch die Vorarbeit des „Arbeitskreis Kandel" und die engagierte Nacharbeit unserer Glaubensschwester Christa zu nennen…

Ausklang···

Nicht immer fällt auf einen Streich
der Riese Goliath sogleich,
und so ein Werk von vielen Stunden
sich hier dem Leser will bekunden···

Es ist das Erste seiner Art,
daher nicht alles ist apart,
und doch, das hoffe ich nun sehr,
wird es bald geben davon mehr!

Gottes Segen!